諷 詩 調·22

2012년 8월

박진환 제40시집

지성 · 감성의 메타언어
조선문학시인선 · 337

諷 詩 調 · 22

2012년 8월

조선문학사

■ 책머리에

諷詩調는 3행의 자유시다

諷詩調는 45자 내외의 자수율이나 3음보를 구조의 틀로 한 3장 6구의 時調가 아닌, 틀로부터 전혀 자유로운 3행을 틀로 한 순수자유시의 새로운 장르다.

2013년 初夏

박 진 환

박진환 제40시집 / 諷詩調 · 22

2012년 8월

차례

방언이란걸 미처 몰랐었구나

그리움 코일로 감아 자장하는 가슴은 배터리
신호음이 맞지 않는 주파수로 보내는 송신은 해독 불능의 방언
쌍애의 사전엔 사랑이 방언이란걸 미처 몰랐었구나

※ 쌍애(雙愛) : 짝사랑의 이칭.

諷자 판 벌이지

바람이 분다고? 그건 고전이지
물신시대엔 言자가 風자를 끌어안고 몸 섞어 한 몸이 되는 거야
그래야 맞은 놈, 넣는 놈, 든 놈, 도진 놈, 뒤섞여 諷자 판 벌이지

창녀가 되고

꽃은 빛깔로 말하는 천사의 언어
형상으로 표정하는 천사의 미소
물신시대의 검은 손에 꺾인 천사는 창녀가 되고

셰셰일까

상해 한국영사 중국녀 덩씨와 부적절한 관계, 외교부선 쉬쉬
비슷한 중국말에 셰셰 있지
무얼 감추려고 쉬쉬 하고, 뭐가 그리 좋아서 셰셰일까

마찬가진걸

"보톡스했냐구요?" 미쳤소, 여자도 아닌 내가, "얼굴이 팽팽해서요"
겨우내 찬물로 세수해봐, 피부가 얼어붙어 주름 안 생겨
허긴 얼굴뿐인가, 얼어붙은 마음의 주름도 안 펴지긴 마찬가진걸

한탄과 불안

축산농가 구제역으로 텅 빈 축사 보며 한탄 멎을 날 없고
매몰지 오염으로 주민들 불안에 편한 날 없고
없는데도 있으니 없음만 못한 한탄과 불안

속보인다 속보여

중동에서 아프리카에서 민주군중 봉기하자 신명난 패권주의자들
호시탐탐 눈독 들여오던 터라 재빠른 기회 포착
군함 · 대포 앞세운 넥타이차림의 민주위장, 속보인다 속보여

8년 단축 안하겄냐

잘사는 고소득층보다 못사는 저소득층 수명이 4년 짧다던데
잘 먹으면 잘살고 못 먹으면 못사는 것이 상식 아닌감
이치대로라면 남녘보다 더 못사는 북녘은 8년 단축 안하겄냐

심술의 무법자

꽃샘바람은 구름을 양떼무리로 방목시켜 놓고
심심해 못 견디겠다는 듯 가지란 가지 죄다 흔들어
님 꿈꾸는 꽃 발가벗겨 회초리질 해대는 심술의 무법자

차이가 너무 커서

일 외상은 불법정치자금 25만엔 받았다고 장관직 사퇴하던데
한국 국회에선 3백만원 받아도 영수증 처리만 하면 괜찮다고
돈의 차액보다 양심의 차이, 정치수준 차이가 너무 커서

좌향좌 우향우

NLL 넘어온 북 어선 어부 송환 놓고 남북 치열한 기 싸움이던데
보낸다 못 보낸다 실강이 벌일게 뭐 있어
3·8선에 나란히 세워놓고 좌향좌, 우향우 하면 될 것을

꽃게발공화국

보도에 따르면 한국 개발정책을 두고 개발공화국이라던데
개발도상국 넘어 개발공화국 됐으니 영광은 영광이네만
행여 앞으로 못나가고 옆으로만 기는 꽃게발공화국이나 안될지

노망끼지

MB 김정일 위원장 초청했던데, 오기는커녕 콧방귀나 안 뀔지
수지맞은 중국행 놔두고 뭐하러 남녘에 와
그나마 당근 아닌 조건부 초청, 수락하면 그 나이에 노망끼지

그거, 한국산이거든

중동에서 아프리카에서 석유깨나 수입해다 썼는데
이번엔 코리아 것 수입 해다 즐겨들 쓰데
'못살겠다 갈아보자', 데모대에 무차별 발사 그거 한국산이거든

불가판정

북녘에선 쌀이 없어 굶어죽는데 남녘엔 남아도는 쌀이 150만톤
우리네 생각으론 남은 쌀 북녘에 보내 굶주림 달래줬으면 싶은데
정치 결제 서류엔 붉은 인주로 찍힌 특호 활자의 불가판정

우리꺼 수입해 간거라고

리비아 카다피, 민주화 외치는 군중 향해 무차별 발사
정권 유지 위해 국민을 적삼아 군대에 용병까지 동원하다니
욕하지마, 그거 빛고을에 있었던 만행 우리꺼 수입해 간거라고

어디 KTX뿐인가

또 KTX 사고, 해마다 고장 건수가 늘어만 간다니
고속행진에 제동이 걸렸거나 무리가 따른 것은 아닐까
허긴 쾌속질주하다 탈선해 나자빠진게 어디 KTX뿐이던가

빛의 天國이지

밤이란 캄캄한 빛의 무덤이지
모르시는 말씀, 밤손님들에게 물어봐
무덤에서 나온 빛의 天國이지

中東에도 仲冬 있었네

中東에도 仲冬 있었음을 미처 몰랐네, 귀 기울여 보시게
이집트 · 이란 · 리비아 · 예멘에서 들려오는 얼음장 깨지는 소리를
中東에 仲冬이 없었다면 어찌 얼음장 깨지겠나

임기종료 가까워질수록

MB 정치 잘했다가 잘못했다보다 낮은 퍼센티지
여론조사란게 믿을 수 있는 것은 못되지만 단 하나 분명한건
임기종료 가까워질수록 낮은 쪽의 퍼센티지가 더 낮아진다는 사실

더 두고 보라고요?

토인비 선생, 인류는 생산한 무기 사용 안한 적이 없다 하셨죠
북녘, 미 본토에 날아갈 장거리 미사일 개발했다던데
말씀대로라면 쐬야 하는 건데, 더 두고 보라고요?

한둘이던가

경제 대통령이라는 말 '쓸데없는 말' 됐다는 언론보도던데
앞으로 '쓸데 있는 말' 기대는 어렵게 됐다는 뜻일 터
허긴, 경제뿐이던가, 쓸데없는 빈말 돼버린 게 한둘이던가

똥을 싸는 신

똥의 의미를 아시는가?

물신도 정신도 둘 다 신이다. 둘을 지녔으니 인간 또한 신이다

똥을 싸는 신

여자가 되지

잠의 의미를 아시나요?

하루의 절반, 절반에선 남자도 여자가 되지

남자도 꿈을 분만하거든

聲價가 서로 달라서

모나고 각박한 짓으로 일가를 이룬 각박 成家도 성가
뛰어난 학문으로 이룬 宬家나 성인이 이룬 聖家도 성가
허나 각박성가나, 학문성가, 성인성가라는 聲價가 서로 달라서

안뜸만도 못한 것을

정월 대보름 맞아 뉴스마다 보름달 보름달 해쌌던데
달보고 빌 소원이 따로 있던가요, 빈다고 소원 이루어지던가요
달 쳐다보다 우울증 도져 자살율 늘면 안뜸만도 못한 것을

봄이 없어서

꽃피고 새 우는 봄, 좋지, 좋고요 좋고말고요
여의도엔 사꾸라도 피고요, 여의도 왕겹사꾸라는 더 곱고요
헌데 어쩌죠, 꽁꽁 언 여의도 1번지, 정치계절엔 봄이 없어서

못 면할 불행

보따리장사 접장이 신세 못 면했던 연고로 제자가 많다
그중 한놈 시를 배우던 그때가 생애 가장 행복했다고 전화질이다
그놈의 전화 끊기기 전엔 못 면할 불행

소리 없는 말을 들을 수 있나니

말하지 않고도 말하는 하늘이며 산이며 강이며
바람이며 꽃이며 나무의 언어를 들을 수 있는 귀만이
소리 없는 말을 들을 수 있나니

귀로 들을 수 없는 말이 들어 있나니

귀로 듣는 말은 누구나 듣는 말
귀 아닌 이마나 가슴으로 듣는 말
그 말 속엔 귀로는 들을 수 없는 말이 들어 있나니

안되고말고

소 취하라, 안 된다, 하건 말건 그건 당신네 사정이고
우리네 검찰은 한번 물린 낚시는 놓지 않거든
그것도 대어감은 더구나 안 되지 안돼, 안되고말고

王王王 시끄럽겠다

범여권 대선주자 20여명, 경사냐? 혼란이냐? 쇼냐?
두 사람도 물고 늘어지는 이전투구인데 하이고 20명이라니?
王王王王王王王王王王王王王王王王王王王王 시끄럽겠다

寒나라 신세도 못 면하거든

매스컴에 급수 높은 활자로 恨나라당 閑나라당 했던데
틀린 말 아니나 하나가 빠진 것 같아서
잘못해 찬밥신세 못 면하면 寒나라당 신세도 못 면하거든

원샷이 내 주도

술자리에서도 정치판에서도 골프장에서도 원샷 원샷이다
원샷이면 만사 OK, 우리 사전에는 없는 새 감탄사
감탄사도 없이 술병째 원샷, 주전자째 원샷이 내 주도다

불끈이거든

무슨 불을 끄셨기에 불끈이 불끈이 해싼당가요
불을 끄긴, 시도 때도 없이 불만 처지르는 방화범인걸
그게 잡놈의 그것처럼 불끈불끈 일어서니 불끈이거든

살아야하는 눅눅함을

장마 끝나자 매미 울어 그늘의 계절을 알려 오는데
이 땅의 정치 우계는 이제사 장마 시작
어쩔거나, 우계에 썩은 곰팡이며 젖어 살아야하는 눅눅함을

통치여서 그러지

무바라크 철권 30년 통치 가지고 뭘 그리들 야단들이셔
이웃에는 3대 세습의 반백년통치도 있는데
허긴 통치가 치통앓이보다 견디기 힘든 痛治여서 그러지

원통하다 원통해

실처분 소·돼지무덤 필시 환경오염 주범일터

봉분에 비 세우고 재앙 피해달라고 제사라도 지내야 할 판

비문엔 '병들어 죽어도 억울한데 생매장이라니 원통하다 원통해'

이 시대의 방화범은

이집트 · 이란 · 쿠웨이트에서 불길이 번지고 있다
석유로는 점화할 수도, 태울 수도 없는 가슴으로 지른 불
자유라는 이름의 방화범은 이 시대의 囚人인가, 영웅인가

인간들이 그대로 따라하제

눈만 떴다하면 처먹은 포식자들 이야기다
배불린 놈 있으면 먹힌 놈은 굶기 마련
TV켜봐, 짐승들이 하는 짓, 인간들이 그대로 따라하제

알 것도 같네

생이란 아무래도 먹고사는 호구문제일 것 같다
굶주려 죽을 위기 당해봐, 정신·도덕·신앙 다 뒷전이거든
옛분들 즐겨쓴 말 각자도생, 그 말뜻 알 것도 같네

※ 각자도생(各自圖生) : 인간은 제각기 살아갈 방법을 도모한다는 뜻.

상식이 통하던가

피검사 하는 날, 금식 무시하고 밥을 먹었겠다
핏대 세운 내자 왈 "금식이 상식인데 상식도 모르냐"다
모르시는 말씀, 어디 상식이 통하던가, 억지가 통하지

평가 주어거든

북, 인권 꼬집는 말, 열악·암울·매우 열악이 주어
애초 인권이 없는 나라에 인권 잣대 들이댄게 잘못이지
OECD국가 중 열악·암울·매우 열악이 코리아의 평가 주어거든

양반대접이지

생방송 토론 프로에서 보수논객, 김정일을 개××라 했다고?
글쎄, 세상이 온통 개같은 세상이니 개××로 보일 건 당연
헌데 개만도 못한 놈들 세상에 개××이면 양반대접이지

저울추구나

욕망이 가벼우면 행복

욕망이 무거우면 불행

아하, 욕망이 행·불행의 무게를 계량 하는 저울추였구나

세상 사는 이치도 다르지 않느니

나팔꽃 · 호박 · 수세미 덩굴이 서로 말아 감고, 감아 말고
새끼꼬듯 연줄이란 연줄 죄다 붙들고 기어오르는 필사의 연줄타기
세상 사는 이치도 다르지 않느니, 저것들이 그걸 말해줌 아니던가

동굴살이지

무슨 부지런을 떠느라고 아침마다 옥상행이냐고?
옥상 한 뼘 화단 잘봐, 줄기란 줄기 죄다 얽키고설켜 기어오르기야
사람 사는 것도 저와 같은 것을 기어오르지 않으니 동굴살이지

앉아서도 배워

먹고 싸고 비우는 법 배우려고
절간으로 예배당으로 싸다닐 것 없어
칙간에 가봐, 앉아서도 배워

肉神인 게야

마음은 精神인데 어째서 몸뚱이는 肉身이야
무식해서 그래, 肉身 아닌 肉神이 정답이야
요즘 세상 정신으로 사는 놈 봤나? 몸뚱이로 사니 肉神인 게야

유무 차이였어

"어떻게 지내셨어?", "그럭저럭", "선생은?", "이럭저럭"
'그'와 '이' 글자 하나 차이인줄 알았는데, 아니었어
삶의 방법과 목적의 유무, 생존의 차이였어

글쎄요

전화 걸어온 지인마다 "지하에만 있지 말고 바깥출입 좀 하세요"
퀴퀴한 곰팡내며 탁탁한 공기며 자주 닦아내라는 주문일 터
"글쎄요, 나가면 밖에 있는 먼지까지 뒤집어써서요"

산에 뭐 있소

동굴에서 나와 인왕산 바라기로 서 있으면
지나가던 지인 눈길 따라 마주하며 궁금증인듯 비아냥인듯
"산에 뭐 있소?", "아뇨 마음에 산 하나 지녀서요"

짐승 한 마리 더 늘어서

"자주 햇볕도 쬐고 바깥공기도 마시세요"
모르시는 말씀, 콘크리트 숲은 동굴이 아니던가
나까지 나가 어슬렁거리면 짐승 한 마리 더 늘어서

유명을 달리했으니

후세인 · 빈라덴 · 카다피 · 김정일

호부우였을까, 초로간웅이었을까?

有名 · 幽冥 · 遺命, 세 유명 앞세우고 유명을 달리했으니

※ 호우부(虎負圩) : 호랑이가 산모퉁이에 의지하고 있으면 그 용맹을 당할 수가 없다는 뜻이니 영웅이 한 지방에 할거함에 비유한 말.

※ 초로간웅(草露奸雄) : 하찮은 영웅.

한국 정당풀이

○ 원만히 굴러가면 딱인데 잘못 굴러가면 낭떠러지 못 면하고

□ 자리는 잘 잡았다면 푸른 집터 명당될지

△ 세각을 세웠으니 뿔싸움이나 안할지

간덩이만 커질밖에

피검사 결과가 나왔는데 지방간 수치가 높아졌단다
술 퍼마신 때문으로 본 명진단, 간에 붙고 쓸개에 붙어살자면
술께나 마셔야하고 마시면 지방간 신세, 당연히 간덩이만 커질밖에

우워(WAR)

아·태 연안에 목장이라도 생기는 걸까, 우워 우워 해쌌게
소·말 모는 우워가 아니고 함정 떼 몰고 오는 WAR래
머잖아 전쟁이란 돌림병 동남아에 창궐하겠구먼

세비 값이나 하는 건지

국회의원 할아버지, 아저씨, 형님, 나리들
종북 색깔, 그 케케묵은 양념감 아직도 정치 맛내기 도움되나요
요리사들도 아니고 일삼는 게 쌈박질이니 세비 값이나 하는 건지

함구론 못 당해

종북 색깔, 법대로 하면 될 것을 법은 뒷전이고 입씨름 먼저
허긴 각 당마다 대변인이 그리 많으니 한 차례씩은 돌려야지
거기다 매스컴 허기진 입질, 함구론 못 당하거든

최최고지

OECD 국가 중 산재 사망율도 코리아가 최고
사는 것이 최고여야지 죽는 것이 최고라니 말이 돼?
말이 안 되니까 문제지, 말만 돼봐 최최고지

고함소리 높아서지

안산 약수터 정자에서 더위 피하며 몇 분 노인이 나누는 말
"그놈이 그놈, 다 똑같여" 여·야를 두고 하는 말이다
"왜요?", "왜는 강구연월문동요는 안 들리고 고함소리 높아서지"

※ 강구연월문동요(康衢煙月聞童謠) : 나라가 잘 다스려지고 세월 또한 좋아 길거리에 태평성대를 노래하는 동요가 들린다는 뜻.

한술 더 떠

노론 · 소론 · 남인 · 북인, 나라 말아먹은 조상님네들 당쟁
그게 뭐 그리 좋은 거라고 작금에도 그대로 답습하던데
답습이면 좋게, 정적 방어 요새용 四塞로 한술 더 떠서

※ 사새(四塞) : 사방으로 산이나 강이 둘러 싸여 외적의 침입을 막는 요새.

세상이 온통 비리의 무덤

세상이 온통 비리의 무덤, 파헤쳤다 하면 검은 황금덩이들
금광마다 폐광 못 면하는데 황금 무덤이 있다니
잘만 파헤치면 금성금벽 세우겠네만 그게 검은 황금이어서

※ 금성금벽(金城金璧) : 금으로 성벽을 쌓는다는 말이니 황금성을 이르는 말.

관변성 향일성

우리 집엔 크고 작은 40여개 분이 있다, 값싼 음지성 식물들이다
제마다 놓인 위치에서 필사적으로 빛을 쫓아 바로선것이 하나도 없다
어디 식물뿐인가, 인간의 관변성 향일성도 삐딱하긴 매한가지

척도의 눈금을 달리해서

당과 당 합당도 통합, 후보단일화도 통합인데 왜?
합당은 통합이 되고 단일화는 어긋난다는 것일까
허긴 정치 잣대라는 게 유·불리에 따라 척도의 눈금을 달리해서

그랬어 됐을 것을

반값등록금, 대선출마자들 침 튕기며 외치던데
MB도 그랬어, 헌데 결과가 안그랬어
4대강 사업비 반만 돌려썼어도 안그랬어가 그랬어 됐을 것을

더라고

단일화, 융합, 그게 그것인줄 알았더니 아니더라고
단일화는 둘이 하나로, 융합은 모든 것이 녹아져 하나되는 이치더라고
둘과 모두, 자물쇠는 둘이냐? 모두냐? 두 의문부로 채워져 있더라고

명찰 없이 나가서

정부청사도, 일선전선도 뻥뻥 뚫린 구멍
뚫린 구멍으로 들어오기만 했겠나, 나가기도 했겠지
문제는 들어올 땐 명찰 달고 오지만 나갈 땐 명찰 없이 빠져 나가거든

쇠도 녹여서

구멍 뚫린 곳이 어디 정부청사, 전선 뿐이겠는가
도처에 구멍 뚫려 국고 줄줄 새나가고, 새나간 구멍으로
부정부패 역류하니, 그놈의 구멍이란 게 철판으로 막아도 쇠도 녹여서

삶

삶

삶이란 무엇이며, 어떤 삶이 삶다운 삶이며, 어떻게 살아야 하는가

?

허위인 것이다

역사를 미화하려는 것도 비판하려는 것도 다 부질없는 일이다
애초 역사란 미화된 것이거나 비판된 것이기 때문이다
그 때문에 역사가 진실이라는 것도 허위인 것이다

역사가 된다

사실의 기록이라고 해서 다 역사의 진실이 되는 것은 아니다
사실을 진실로 받아들이지 않을 때는 역사도 허위가 된다
진실로 받아들여진 사실만이 역사가 된다

어리석은 만용

패권주의를 패권주의로, 쿠데타를 쿠데타로
악을 악으로, 부정을 부정으로 인정할 줄 아는 용기
그런 용기 없이 내딛는 大道行은 용기 아닌 어리석은 만용이다

六德 아닌 肉德밖에 모르는

이놈아, 아침부터 목 터지게 징징 안울어도 안다 알아
文·清·儉·廉·信·樂, 네가 지닌 六德을 어찌 모르겠느냐
울려거든 肉德밖에 모르는 푸른집 소나무에 가서 외쳐라

저리 가라거든

국지성 호우에 놀란 가슴들, 빗나간 일기예보 불신한지 이미 오래
옛 분들 촉촉해진 담배쌈지 만지며 비 예보했듯이
동트자 왕매미 울음이 알리는 맑음, 기상청 예보 저리 가라거든

병신

푸른집 반반한 얼굴들 줄줄이 굴비 엮이듯 줄소환
소환됐다 하면 번쩍번쩍 금비늘 반짝이던데
한 시민 왈, "게워내 놓을 걸, 뭘하게 처먹구선"

웬 왈가왈부

5 · 16 군사 쿠데타가 요즘 화두
쿠데타냐? 아니냐?
딱도 해라, 권총 차고 일으켰으니 쿠데타지, 웬 왈가왈부

더위 먹은 것은 아닐지

잦은 미 총기난사사건, 혈통 때문이냐? 광기 때문이냐?
아니면 정신병? 그도 아니면 패권주의 흉내?
글쎄, 더운 날씨에 더위 먹은 것은 아닐지

먹고 쌈과 다르지 않구나

한사코 채움으로써 행복해하는 이, 비움으로써 행복해지는 이
두 행복 다 누리려면 채우고 비우기, 비우고 채우기
허, 채우고 비움, 비우고 채움, 행복이란게 먹고 싸는 똥과 같구나

日官이 없는데

옛날엔 떨어지는 별을 보고 길·흉을 점쳤지
북녘에 이영호란 별 하나 떨어지자 추측이 난무하던데
길조면 뭘 하고 흉조면 뭘 하나, 용한 점술가 日官이 없는데

다르지 않느니

옥상 두어 평 남짓한 화단이 가관이다, 감고, 말고, 잡고, 뿌리치고
호박 · 오이 · 수세미 · 나팔 · 여주 줄기가 벌이는 필사의 생존경쟁
이 땅의 대선 정치판 꼴이나 식물들의 저 꼴들이 다르지 않느니

왜서일까?

안산자락을 골라 만든 둘레길은 숲으로 터널을 이룬 명품코스다
헌데도 찾는 이 손꼽을 정도, 왜서일까?
발목에 삶의 족쇄가 채워졌거나 빌딩숲 어디쯤에서 실족했거나

달고 다니나마나지

화장실을 푼다, 과객들 찌푸린 얼굴에 코 감싸쥐고 피해간다
한데 저 성한 코들 똥보다 더 더러운 동취 맡아보기나 했을까
코만 성하면 뭘해, 세상의 썩은내 못 맡으면 달고 다니나마나지

빛으로 발자국 찍었을까

저 십자가가 가르키는 길 좇아 몇 분이나 빛으로 길을 열고
저 연화 등불삼아 몇 분이나 사바의 어둠 밝혀 빛을 열었을까
열어, 빛을 향해 빛으로 가는 길에 빛으로 발자국 찍었을까

빛과 동행 아니다가

십자가는 동서남북 어디에고 길이 있음을 가리키고
연등은 동서남북 어디에고 어둠이 있음을 가리키는
주님과 부처님의 말씀이거니, 그 말씀 좇음이 빛과 동행 아니던가

그것이 문제여서

MB 謝過 받아들여 국민들도 赦過했을까
비는 데는 무쇠도 녹는다던데 서로 예 갖췄으니 응어리 녹혀야지
헌데 입으론 사과, 마음으론 배 내밀면 그게 문제여서

둘로 나뉘이데

만개한 연꽃으로 눈요기하며 배불리는 탄성과는 달리
연등으로 발하는 빛에는 까막눈, 빛의 시장끼 못 느끼니
두 물머리가 그러하듯 연꽃도 배부름과 시장끼 둘로 나뉘이데

쓸모없어진지 오래여서

눈으로 담아가기엔 부족했는지 카메라에 담고 캔버스에 담고
담고 담고 담아가는 저 부용, 마음에 담아가는 이 몇이나 될까
눈요기가 최고인 시각문명시대, 마음의 눈 쓸모없어진지 오래여서

서당 하나씩 세웠으면

전에도 말했지만 정치인들 도덕불감증 심각해
정치와 돈밖에 아는 것이 없어서 그래, 정신 재무장해야 돼
해서 청와대와 국회에 도덕 강론할 서당 하나씩 세웠으면

사실에 봉사하는 사역이 역사인게야

박근혜를 박혜근이라 한다고, 쿠데타를 타데쿠라 한다고 해서
바꿔진건 아무것도 없어, 바꾼다고 사실까지 바꿔진건 아니거든
역사 거꾸로면 사역, 사실에 봉사하는 사역이 역사인게야

더 맡게 돼서요

지인들 찾아와 동굴살이 보기 딱했던지 바깥바람 좀 쐬란다
아마도 코를 찌르는 쾌쾌한 곰팡내에 질려 하는 말일터다
글쎄요, 밖에 나가면 세상 썩는 곰팡내까지 더 맡게 돼서요

열하일기 · 1

早魃 早魃 화형장으로 끌려가는 연옥행
벌겋게 달군 화저를 든 염제의 호위병들이 에워싸고 있다
마지막 할 말이 있는가? 아이스크림 딱 하나만 먹고 싶소

열하일기 · 2

나랏님 말씀도, 정치도 못 믿는 세상인데 일기예보 믿으라구
어림없는 소리, 아무것도 믿을 게 없어, 단 한가지
가뭄에 비오면 시원하다는 것, 헌데 이런 상식만도 못한것이 하도 많아서

철학 왜 없어

검증이 안됐다, 정치철학이 없다, 어쩌고저쩌고 말이 많던데
안철수, 국민이 바라면 바라는바 좇겠다는데 정치철학 왜 없어
국민 아닌 자신의 욕망 좇는 정치가들이 철학 없는거지

거짓말이라는 것

정치란 무엇인가? 정답 무야, 목적 · 수단에 따라 답이 다르거든
헌데 답이 아니면서 정답 행세를 하는게 하나 있지
뭔데? 전매특허품인 '거짓말이라는 것'

아홉 꼬리나 감추시지

그 여자 속에 여우가 열 마리도 더 들어있어요, 조심하세요
웃기고 있네, 옛말에 개 눈엔 똥만 보인다 했던가
여우 주제에 여우 조심하라니, 끌고다니는 아홉 꼬리나 감추시지

종잡을 수 없거든

인왕산 골짜기 홍제동엔 무당·점쟁이가 내건 깃발이 많다
마치 점괘라도 알려주듯 신기라도 난 듯 풍향 좇아 펄럭인다
얼마나 정직한가, 정치 풍향계보다, 광풍·돌개바람·역풍에 종잡을수 없거든

쓰리지

정치란 게 잘된 것 좇아 펼치기보다 잘못된 것 흠집내 헐뜯기지
허긴 잘돼 좋을 것은 없고 잘못돼 달리 좋을 것이 없기 때문이지
그러니 정치란 게 지저분한 싸움판 못 면하는 거지

허물 허물 할밖에

허물 들춰 잘못 깨닫게 하고, 깨달아 개선하면 금상첨화, 헌데
허물 감추고, 뒤집어씌우고, 헐뜯기가 위정자들 전매특허품이니
따라하기 좋아하는 이 땅의 민초들 정신 또한 허물 허물 할밖에

여우 문답

조심하세요, 그 여자 속엔 여우가 열 마리도 더 들어있대요

그래? 백여우 20마리가 들어있는 여자도 조심 안하는데

왜요? 그게 바로 당신이란 여우거든

•

박진환 시인은 전남 해남 출신으로 동국대 국문학과를 거쳐 중앙대 대학원을 졸업(문학박사)했다. 1960년 동아일보 신춘문예(詩)·1963년 自由文學(문학평론)으로 문단에 데뷔했고, 국제PEN한국본부 사무국장 및 이사, 한국문협 고문을 역임했다. 제9회 시문학상, 제3회 비평문학상, 펜문학상, 윤동주문학상 등을 수상했고, 한서대학교 교수 및 예술대학원장을 역임했으며 현재 월간『조선문학』발행인 겸 주간으로 있다. 중요 저서로는 시집에『귀로』,『사랑법』,『꽃시집』,『三行詩抄』Ⅰ~Ⅺ『諷詩調』,『박진환시전집』Ⅰ·Ⅱ·Ⅲ·Ⅳ·Ⅴ,『物神時代』Ⅰ·Ⅱ·Ⅲ·Ⅳ·Ⅴ,『동굴일지』Ⅰ·Ⅱ·Ⅲ·Ⅳ·Ⅴ,『2012년 8월』에서『2013년 7월』까지 51권의 시집이 있고 평론집으로『한국현대시인론』,『현대시론』,『21C시학과 시법』등 다수와『한국시의 공간구조연구』,『21C 시학』,『시창작론』,『諷詩調詩學』외 다수의 역저가 있다.

•

조선문학시인선 337

諷 詩 調 · 22

2012년 8월

2013년 7월 20일 인쇄
2013년 7월 30일 발행

지은이 / 박진환
발행인 / 박진환
펴낸곳 / 조선문학사
등록번호 / 1-2733
주소 / 110-092 서울 서대문구 홍제2동 96-4
전화 / 02-730-2255
팩스 / 02-723-9373

ISBN 978-89-98115-18-0

정가 10,000원